JUSTIFICATION.

J'ESPÈRE n'avoir offensé personne dans cet écrit ; je déclare du moins n'en avoir pas eu l'intention. Quant aux intérêts privés que j'ai blessés, ce n'est jamais qu'à l'intérêt public que je les sacrifie, ainsi je ne saurais m'en excuser ; les réformes que je propose m'atteignent le premier, car je suis aussi fonctionnaire public. J'ai été guidé par le pur amour de mon pays : sentiment qui ne m'a jamais abandonné, et ne m'abandonnera jamais. Après avoir versé plusieurs fois mon sang pour sa défense, mon plus grand bonheur serait d'aider à le sauver, en contribuant à faire opérer une réforme de finances, devenue absolument indispensable ; sans quoi, la perte de la patrie est assurée. Ceux qui connaissent la France, ses intérêts, ses ressources, l'opinion de ce pays, celle des états voisins, nos relations politiques, se rangeront à mon avis : j'ai même écrit moins pour obéir à ma conviction, quoique très-forte, que pour céder à des invitations de personnages dont l'opinion sur les affaires publiques est d'un grand poids.

Je crois au ministre des finances, ainsi qu'aux

autres ministres, dont j'ai été obligé de parler, des intentions excellentes; mais si j'ai fait voir qu'ils se trompaient, j'espère qu'ils n'en prendront pas d'humeur, puisque le Roi, dont les vertus et la sagesse sont si élevées au-dessus de nous tous, a dit (*Proclamation du 28 juin 1815*) : « Mon gouvernement devait faire des fautes, peut être en a-t-il fait. Il est des temps où les intentions les plus pures ne suffisent pas pour diriger, où quelquefois même elles égarent.

» L'expérience seule pouvait avertir ; *elle ne sera pas perdue* : JE VEUX TOUT CE QUI SAUVERA LA FRANCE. »

Au surplus, comme je ne suis ni du parti de l'opposition, ni du parti ministériel, que je suis seulement du parti de ceux qui veulent avec le Roi, que tout soit sacrifié *pour sauver la France* ; que j'ai été à même d'entrer dans l'administration, en sacrifiant mes vues à des vues fausses, et que j'ai refusé, l'opinion de quelques individus m'importe peu, si l'opinion publique m'est favorable, et si mes vues sont adoptées et produisent quelque bien, je serai complètement récompensé. Je puis concevoir cette douce espérance, puisque dans une autre occasion importante j'ai déjà obtenu ce succès.

DE LA NÉCESSITÉ

D'ADOPTER

UN SYSTÈME STABLE D'ÉCONOMIE,

ET

QUELQUES MOYENS DE L'ÉTABLIR.

Tous les financiers de France, tous les banquiers nous ont donné des plans de finances; les fournisseurs même nous en ont lancé plusieurs. Il y a quelques mots à dire sur les plans des banquiers et des financiers, avant d'arriver à notre objet; quant à ceux des fournisseurs, ils ne valent pas la peine d'en parler, puisque personne ne disconviendra qu'ils ne peuvent être que de mauvaise qualité, comme toutes leurs denrées. Les banquiers de France tombent tous dans la même erreur, parce qu'ils sont préoccupés sans cesse d'une seule idée : ils veulent administrer les finances publiques comme une maison de banque; mais ils se trompent dans le principe fondamental.

1°. Une banque n'a point d'engagements obligés.

2°. Les engagements qu'elle contracte pour recevoir ou pour payer sont volontaires.

3°. En banque, tout mouvement quelconque de fonds, soit en recette, soit en dépense, doit procurer un bénéfice; tel est l'objet final de tout établissement de banque, soit les banques dites nationales, soit les banques par association privée.

Un trésor public a un but tout différent.

1°. Il n'a que des engagements obligés, prévus et fixés.

2°. Il sait à l'avance et exactement ce qu'il doit payer, et quand il doit payer.

3°. Il sait à l'avance et exactement ce qu'il doit recevoir, et quand il doit recevoir.

4°. Il est de rigueur qu'un trésor public ne doit jamais faire aucun bénéfice sur les fonds à recevoir ni sur les fonds à payer, parce que l'objet final du trésor public est de payer à époques déterminées des dépenses déterminées, avec des sommes fixées, reçues à des époques fixées : toute spéculation pour bénéficier, entraînant nécessairement risques de pertes, la nécessité du principe que nous venons de poser est visible ; si l'on violait ce principe, les fonctionnaires publics seraient en continuelle inquiétude au sujet de leur salaire, et l'État toujours à la veille d'une banqueroute.

Perpétuellement préoccupés de cette idée que tout mouvement quelconque de fonds doit procurer un bénéfice, les banquiers, dans tous leurs plans de finances, cherchent sans cesse à atteindre ce but, en proposant des jeux financiers de toutes sortes, des transports continuels de créances, des primes, des loteries pour rembourser des emprunts, etc. Le plus habile des banquiers, qui n'aurait que des idées semblables, arriverait à des résultats aussi fâcheux que M. *Necker* : il perdrait la France....... Mais ce qu'entendrait parfaitement un banquier, c'est la direction de la caisse d'amortissement, parce que là il peut, il doit même y avoir des spéculations.

La plupart de ceux qu'on appelle financiers (1), font de longs écrits, bien obscurs,

---

(1) On donne souvent ce titre de financier aux gens qui ont beaucoup d'argent ou qui ont blanchi dans la poussière des bureaux de ce ministère; c'est une grande erreur. Un financier véritable est un homme d'état profond, qui a l'esprit fécond en ressources, qui connaît parfaitement les intérêts de tous genres de son pays, ses ressources, ses besoins, ses rapports avec les divers états de l'Europe; les intérêts, les ressources, les besoins et les rapports des autres états avec le sien. C'est encore un homme d'une prévoyance extrême, d'une économie sordide et de tous les instants, dont les coffres sont toujours fermés pour les paiements inutiles ou frauduleux, et toujours ouverts pour les paiements légitimes,

bien ambigus, que les adeptes comprennent ou feignent de comprendre : ils y ajoutent un nombre suffisant de grands états à trente ou quarante colonnes ; leurs amis crient dans les salons, le plan de finance de M. A. est admirable. — Il n'y a nulle autre ressource, c'est l'unique moyen de sauver la France. — Comment ne fait-on pas cet habile homme, ministre des finances?..... L'auditoire, la plupart du temps, pour éviter d'entendre la lecture de l'œuvre du financier, répète ce concert d'éloge : le bruit se propage, et les coteries répètent, à propos de chaque nouvel embarras, quel malheur que M. A. ne soit pas ministre des finances! Et si par hasard cet homme si prôné devient ministre, il perd, comme beaucoup d'autres, une réputation usurpée, fait des sottises, et se retire avec la réputation acquise d'un homme sans capacité ou d'un charlatan (1).

---

d'un caractère inflexible, incorruptible, etc. Quoi qu'on en dise, il en existe en France.

(1) En France, c'est depuis long-temps l'usage de ne se servir que de gens prônés : c'est l'espèce qui a fait avant, pendant et depuis la révolution, le plus de mal à la France. Les gens qui se font prôner, recommander, n'emploient ce moyen de parvenir qu'à défaut de talents réels.

Un ministre me disait : « J'éprouve chaque jour que ceux » qu'on me recommande le plus vivement sont toujours les » plus incapables. — Pourquoi les employez-vous, répli-

Mais finalement, quelle est la conclusion de tous ces auteurs de plans de finances, y compris le ministre qui a présenté le budget?

Que nous devons, pour faire face au service de l'année 1817, payer 1 milliard 88 millions; que pour les payer, il faut emprunter 314 millions, parce qu'il n'est possible de lever que 774 millions; et chacun d'eux part de ce point pour proposer son mode d'emprunt, fondé sur un crédit qui n'existe malheureusement pas, malgré l'assertion du ministre des finances, et qu'ils croyent la plupart, même de bonne foi, avoir établi d'un trait de plume, à l'aide de noms nouveaux, d'inscriptions nouvelles, provisoires, définitives sur le grand-livre, etc.

» quai-je? » Je ne puis pas rapporter la réponse que me fit le ministre. Les gens prônés, en un mot, *la faction des accapareurs d'emplois*, qui depuis quelques années domine en France, en causera la ruine; c'est un cancer politique qui nous ronge et nous épuise. Vous qui voulez des places, faites-vous agréger à cette faction; autrement, quelque éminents que soient vos services, vous serez proclamé sot ou fripon par toutes les troupes légères de la faction, et ne pourrez jamais percer.

Un ministre qui, après de si longs troubles, veut faire son devoir, doit rechercher les gens capables, les mettre à leur place sans attendre qu'ils le demandent, et ne jamais faire de rapport au Roi en faveur de gens qui mendient une apostille, avant de s'être assuré dix fois qu'il ne l'a pas escamotée.

Ces projets sont tous ou impraticables, tel que celui du ministre, ou onéreux à l'Etat ; ils ne différent que du plus au moins, et en résultat il s'ensuivra, si l'on s'y arrête, un épuisement universel qui enfantera, je l'ose affirmer hautement, une banqueroute ; et par suite inévitable, le plus grand des maux, la perte de l'indépendance politique... ; Souvenons-nous que la révolution s'est faite pour un déficit de 54,000,000.

Le crédit est le principe de vie des Etats ; ceux qui en sont privés, languissent comme un homme miné de la fièvre. Le crédit se perd aisément et promptement, et se rétablit lentement et difficilement. La convalescence des corps politiques est plus longue que celle des corps animés. C'est une véritable folie de la part d'un homme d'Etat d'ajouter la moindre foi à tous ces moyens magiques de créer subitement un crédit public. La France vient de sortir de vingt-huit années de troubles et de révolutions ; pendant cette longue période de douleurs, elle a eu des gouvernements de toute sorte, démagogique, républicain, impérial ; tous ces gouvernements ont différé de conduite et de principes ; ils ne se sont accordés qu'en un point, qui est de manquer à leurs engagements ; les uns l'ont fait par mauvaise foi, les autres par imprévoyance. A celui qu'on trompe, peu importe le motif; il voit le résultat qui est le montant de la perte qu'il a faite: sa bourse se ferme, et il ne prêterait pas un écu au gouvernement pour le sauver d'une catastrophe. Celui qui n'a encore fait aucune perte, a vu les pertes des autres; il se loue de sa prudence, s'en vante hautement; il préférerait prêter son argent à 2 ou 3 pour 100, à un particulier solvable, et même n'en tirer aucun intérêt, et le laisser mort dans sa caisse, plutôt que de le placer sur l'Etat à 20 °/o; et plus il y a de bénéfice apparent, moins il a de confiance. Avant que la confiance soit rétablie, il ne faut pas d'emprunt; car, en admettant même que l'on parvînt à les remplir, ce que nous ne croyons nullement possible, ils seraient tellement onéreux pour le gouvernement, qu'il se verrait immanquablement encore une fois dans le cas de trahir involontairement la confiance publique. Mais, dira-t-on, comment faire face à une dépense d'un milliard 88 millions, s'il est impossible de lever plus de 774 millions, le déficit étant clairement de 314 millions. Comment se les procurer sans emprunter? Cela n'est pas impossible, cela est même en réalité facile, nous allons le démontrer. Seulement nous prions le lecteur de ne pas précipiter son jugement, et de nous lire jusqu'à la fin sans défaveur; alors il décidera librement suivant ses lumières et son amour pour son pays.

Il y a deux natures de dépenses.

Les dépenses ordinaires; les dépenses extraordinaires.

Les dépenses extraordinaires sont, *imposition de guerre et entretien d'armée d'occupation;* il n'y a rien à retrancher, il faut payer et comptant.

Il n'en est pas ainsi des dépenses ordinaires qui sont, frais d'administration, appointements des fonctionnaires, nourriture et solde des troupes, réparations, etc.

1°. Ces dépenses peuvent se réduire.

2°. Ces dépenses *peuvent et doivent* se diviser en dépenses à payer pendant l'année, et en dépenses dont le paiement peut être différé jusqu'à la libération de la France avec les étrangers, c'est-à dire pendant quatre années.

Les principales dépenses (je dis principales dépenses, parce que, en vérifiant le détail et l'objet de chaque dépense, on trouvera encore beaucoup de gaspillage), qui peuvent être réduites, sont celles des ministres de l'intérieur,

De la guerre,

De la marine,

Des finances.

Les dépenses dont le paiement *peut être différé* sont tousles frais de *représentation;* toutes *les cumulations d'appointements*; et, pour tous les fonctionnaires de l'ordre civil et de l'ordre militaire, tout ce qui peut être considéré comme SUPERFLU, et ce chapitre est long. C'est ainsi que l'on peut montrer, et non par des phrases, l'envie formelle de tenir ses engagements, et inspirer aux capitalistes français et étrangers la confiance dont ne peut se passer celui qui veut emprunter. Entrons dans quelques détails de nos moyens d'économie.

A partir du 1er. de janvier 1817, la retenue proportionnelle qui s'exerce au profit du trésor sur tous les appointements des fonctionnaires ces sera d'avoir lieu.

Il sera opéré une retenue proportionnelle qui ne sera qu'un retard de paiement, et n'aura lieu qu'au profit du fonctionnaire qui la subira ; cette retenue sera établie d'après les bases suivantes :

1°. A partir du 1er. de janvier 1817, les ministres, les maréchaux de France, les ambassadeurs, les chargés d'affaires, recevront en espèces la moitié des appointements qui leur sont alloués présentement. La deuxième moitié sera soldée en un bon (1), portant 5 pour 100

(1) Non négociable, pour éviter l'agiotage et les pertes que les fonctionnaires publics peu économes feraient en négociant leurs bons.

d'intérêt (1), et qui sera inscrit sur un livre particulier.

Après les ministres, maréchaux de France, ambassadeurs, il ne sera payé à nul fonctionnaire public, civil ou militaire, aucun traitement pour Paris au-dessus de dix mille francs; pour les départements, au-dessus de 8000 francs. L'excédent sera, comme il est indiqué plus haut, inscrit sur le livre, dit *livre de la dette des fonctionnaires.*

Pour Paris, les appointements de 10,000 francs jusqu'à 2000, subiront une retenue proportionnelle, fixée ainsi:

Ceux de 10,000 fr. seront réduits à 7,000 fr.

9,000 6,000
8,000 5,000
7,000 4,500
6,000 4,000
5,000 3,500
4,000 2,800
3,000 2,400
2,000, sans retard de paiement.

Dans les départements, les appointements

(1) Nous pensons qu'il serait plus patriotique que les bons fussent sans intérêt; mais il peut y avoir des considérations en faveur d'un intérêt.

seront réduits comme il suit, savoir :

Ceux de 8,000 fr. réduits à	4,000 fr.
7,000	3,600
6,000	3,000
5,000	2,750
4,000	2,500
3,000	2,000
(1). 2,000	1,500

La retenue proportionnelle sera moins forte si, après le calcul par ministère, on s'aperçoit que le déficit est plus que couvert : alors on établira une réduction moins forte.

Les fonctionnaires mariés, de la dernière classe, n'éprouveront aucun retard de paiement.

Il ne sera établi aucun retard de paiement sur les demi-soldes, parce qu'elles ne sont à bien prendre que des tiers ou des quarts de solde, par l'effet de la suppression des différentes indemnités allouées aux officiers employés; telles que logement, fourrages, etc; et qu'en outre il y a des officiers estropiés et

(1) La différence dans les deux tarifs de réduction, est fondée sur la plus grande cherté des denrées à Paris que dans les provinces.

blessés qui, avec leur demi-solde, n'ont que le strict nécessaire, à cause des soins que leur état exige.

Les soldes de retraite au-dessus de 4000 fr. seront réduites à cette somme, excepté pour les pensionnaires de 60 ans et au-dessus, et pour les militaires amputés.

Il sera dressé un état par ministère des pensions que paye le trésor public. Cet état contiendra les noms des individus qui possèdent ces pensions; on y joindra la durée et la nature de leurs services, et le montant de la pension. Cet état sera soumis au conseil du Roi, pour vérification et approbation de S. M. Il serait à souhaiter que cet état fût imprimé; c'est le seul moyen d'éviter de grands abus : l'opinion publique fait toujours justice des intrigants qui trompent les ministres, et qui leur arrachent par fois, sans titre quelconque, des pensions qui grèvent le trésor public, et font gémir les contribuables qui se voyent sous le poids des impôts; tandis que le pensionnaire qui, souvent n'a rendu aucun service à la France, reçoit le fruit des sueurs du pauvre, s'en engraisse, et en entretient son luxe. Je connais de vieux et fidèles serviteurs du Roi que le besoin ronge; je connais des veuves et des orphelins d'officiers tués dans les armées françaises qui manquent des premières nécessités de la vie. Mais une veuve d'un G., du C., des Méd., a 12000 fr. de pension. Cette jeune veuve, avant d'obtenir cette pension, avait un excellent cuisinier, de bons chevaux, une toilette fort soignée, un précepteur pour ses enfants; d'où je conclus qu'elle aurait pu aisément, si elle avait été moins avide, attendre la fin des embarras financiers pour solliciter une pension de 12000 fr. Cette pension suffirait à 12 veuves de capitaines tués à l'armée de Condé, dans la Vendée, en Russie, ou en Espagne.

Si le Roi savait (1).... Ce dicton populaire ne fut jamais plus juste, que sous le règne d'un Roi qui fait consister tout son bonheur et toute sa gloire à rendre son peuple heureux.

Les traitements de représentation, au civil comme au militaire, seraient supprimés pour jusqu'après l'évacuation de l'armée d'occupation.

Les frais de bureau seront réduits au strict nécessaire.

Nul ne cumulera plusieurs traitements; celui qui a plusieurs places, recevra le maximum d'après le tarif d'une des places qu'il remplit à

(1) Je citerais bon nombre de faits de cette espèce, si j'avais moins d'antipathie pour les personnalités.

son choix ; les autres traitements seront inscrits.

Si d'après ce que nous venons de dire, l'on veut calculer par ministère les sommes dont le paiement sera retardé, on verra qu'il n'existe plus de déficit entre les recettes et les dépenses.

Tout fonctionnaire public, préfet, officier-général ou autre, qui par sa fortune sera en état de servir son pays sans appointements, pourra, s'il lui convient, déclarer *qu'il demande* le retard du paiement de ses appointements jusqu'après *l'évacuation de l'armée d'occupation.*

Les fonds provenant d'abandons de ce genre, seraient versés à la caisse d'amortissement pour soutenir le crédit public.

La liste des fonctionnaires qui demanderaient à éprouver ce retard, serait publiée officiellement pour servir à leur famille de titre d'honneur, et de preuves d'amour et de dévouement au Roi et à la patrie.

Il n'y a nul autre moyen de ramener la confiance et le crédit. Les ressources de la France sont grandes, j'en conviens, mais pas si grandes que Buonaparte le voulait faire croire aux étrangers, et surtout elles ne sont pas inépuisables; il s'en faut, car nous approchons à grands pas de l'épuisement.

Au reste, quelle que soit l'opinion qu'on ait des ressources de la France, il demeurera toujours constant qu'un gouvernement, ainsi qu'un particulier qui dépense au-delà de son revenu, se ruine en un temps donné. L'Angleterre, par son étonnante industrie, par son commerce immense, est le seul pays qui puisse supporter les emprunts sans ruiner ses finances; il n'y a nulle comparaison à faire entre les deux pays; et ceux qui en établissent en matière de crédit public, montrent qu'ils ne connaissent ni les ressources de la France, ni celles de l'Angleterre, ainsi que nous allons le démontrer.

Pour être bien convaincu qu'il ne peut être fait, entre les deux états, aucune comparaison financière, il suffirait d'établir le montant des capitaux réels ou fictifs en circulation annuelle dans les deux pays.

L'énorme différence en faveur de l'Angleterre montrerait pourquoi son crédit est si bien établi, et la grande raison de la facilité que le gouvernement anglais trouve à remplir chaque nouvel emprunt, provient plus encore que de la confiance qu'il inspire, de ce que la masse des capitaux est tellement considérable, que quoique la masse d'affaires et de spéculations soit

2..

immense, il y a toujours des capitaux surabondants, et parconséquent stagnants. Chaque année, les bénéfices du commerce et de l'industrie manufacturière augmentent encore la somme de ces capitaux en stagnation. Il en résulte qu'aussitôt que le gouvernement ouvre un emprunt, tous ces capitaux morts arrivent et afluent sans effort au comptoir de la maison qui a traité pour le remplir ; c'est un débouché que le possesseur est enchanté de trouver. En outre, dans un pays essentiellement commerçant, où la nation presque entière, depuis les pairs du royaume jusqu'aux fermiers, est à l'affut des spéculations, il est fort commode d'avoir des fonds publics considérables, puisque chacun peut y placer ses capitaux disponibles à un intérêt avantageux, avec la faculté de les pouvoir retirer aussitôt qu'une spéculation lucrative vient à s'offrir.

Si nous voulons absolument trouver un modèle à suivre, prenons-le sur le continent ; près de nous et dans un pays qui a plusieurs points de ressemblance avec la France. C'est du royaume des Pays-Bas que j'entends parler. Pendant que Buonaparte a possédé ces belles provinces, il a fait tout ce qu'il fallait pour les ruiner, et n'y a point réussi ; le constant système d'économie adopté de tout temps dans pays par les individus, par les administrations locales, l'a sauvé de la ruine générale : ce pays est moins malheureux que nous, parce qu'il n'a point de contributions de guerre à payer; mais il serait aussi dans de grands embarras, s'il n'avait invariablement fixé ses dépenses au pair des revenus et même au-dessous.

Avec ce constant système d'ordre et d'économie, s'il survenait au gouvernement des Pays-Bas des besoins imprévus, il y pourrait aisément faire face par la voie d'un emprunt, parce que la confiance est établie. Mais encore une fois, elle n'existe pas en France. Les capitaux sont en petit nombre, l'industrie languit, le commerce est mort, parce que l'incertitude des événements a détruit la confiance, même entre particuliers : l'administration n'est pas assez forte pour exécuter les économies qu'elle voit être nécessaires. Ainsi les ministres malgré leurs bonnes intentions, ne pouvant exécuter seuls tout le bien qu'ils conçoivent, toutes les réformes qui sont nécessaires pour sauver la France. Il faut employer un moyen nouveau pour atteindre à ce noble et salutaire résultat. Il n'y en a point de meilleur et de plus fort que celui-ci, et nous croyons pouvoir espérer qu'il sera aussi bien accueilli du Roi et des ministres que du public :

1°. La chambre des députés accepterait le

plus tôt possible les bases du budjet, *quant aux impôts à percevoir pour l'année* 1817, sauf les améliorations qu'elle croira devoir proposer; et, par exemple, il paraît que l'impôt sur l'huile, tant de fois rejeté, ne peut pas plus devoir être accepté cette année que par le passé. Ne serait-il pas plus convenable de mettre les denrées coloniales en régie? d'établir un impôt sur les *capitaux inventoriés ou légués*, calculé de manière à représenter l'imposition foncière éludée? On pourrait atteindre, de cette manière, les capitalistes et agioteurs qui se refusent à partager les charges de l'Etat. A la place de l'augmentation sur les patentes, on pourrait établir un impôt sur les chevaux de luxe et sur les domestiques de luxe?

2°. Il ne serait accordé aucun crédit en rentes sur le grand-livre, comme évidemment ruineux, puisqu'en suivant cette méthode annuelle de création de nouvelles rentes, dès la seconde année elles seraient aussi décriées que les assignats.

3°. Pour parvenir à abaisser les dépenses au niveau des recettes, le Roi serait supplié de présenter un projet de loi, ou de rendre une ordonnance suivant ce qui sera jugé le plus constitutionnel, portant création D'UN CONSEIL D'ÉPARGNES ET DE RÉFORMATION, pour vérifier SCRUPULEUSEMENT ET MINUTIEUSEMENT le détail des dépenses de chaque ministère. Ce conseil d'épargnes serait composé de sept pairs de France, sept membres de la chambre des députés, sept commissaires du Roi : ces fonctions seraient gratuites. Ce conseil ainsi composé serait à l'abri de toutes attaques personnelles de la malveillance, et préservera les ministres de l'odieux dont on environne injustement tout ministre réformateur.

Les suppressions ou réductions de dépenses contre lesquelles le ministre que cet objet concernera n'élevera point d'objection, seront *exécutées sans délai.* Quand il y aura dissidence entre le conseil de réformation et le ministre, les motifs allégués par le ministre seront joints à la délibération motivée du conseil, et le tout placé sous les yeux du Roi qui décidera dans sa haute sagesse.

Ce conseil de réformation, si nous sommes assez heureux pour qu'il soit créé, pourra trouver aisément le moyen de diminuer, dès la première année, de 150 millions les dépenses, épargne qui peut augmenter encore pour les années suivantes. Le reste du déficit sera couvert par le retard sur les paiements d'appointements, d'après le tarif que nous avons déjà donné. Prouvons cette assertion :

Le budjet de 1816 était de	839,595,661 f.
Celui proposé pour 1817 est de...............	1,088,294,957 f.
L'augmentation à cette énorme dépense est, pour cette année, de	248,699,296 f.

Si dès la seconde année on nous présente une aussi monstrueuse augmentation, à laquelle il faut ajouter le déficit de l'année écoulée, que devons-nous attendre pour les années suivantes? Cette année la recette présumée est de 774 millions, sur laquelle on ne manquera pas encore de trouver un déficit; la dépense est d'un milliard 88 millions; il faut emprunter 314 millions qui nous coûterons, si nous trouvons des prêteurs, 7 à 800 millions pour avoir en résultat une dette énorme, en 1817 un nouveau déficit et plus de ressources.

La première économie à faire est sur la chambre des pairs: les pairs doivent s'honorer de donner à la nation l'exemple du patriotisme, du désintéressement; des pairs, dépouillés de luxe, seront plus vénérables aux yeux d'un peuple malheureux, que des pairs brillants comme des financiers. On parle sans cesse de morale et de la nécessité de son rétablissement; pour en inspirer le goût au peuple, il faut que le gouvernement et les grands lui mettent sans cesse sous les yeux des exemples pratiques de cette vertu. L'ouvrier mange gaîment le morceau de pain bis, produit des sueurs de la journée, quand il voit les grands occupés d'alléger ses charges: le fermier paye gaîment ses impôts et *les centimes additionnels*, quand il voit son préfet, ses administrateurs, les chefs de l'armée se contenter du strict nécessaire, et ne pas déverser les centimes additionnels; alors on verra les haines politiques s'éteindre, l'amour de la patrie se ranimer et l'industrie, l'aisance et le bonheur renaîtront encore pour la France.

Après les pairs viennent les députés, *il n'y a point de petites économies*; d'ailleurs j'en reviens au système du bon exemple, économie d'impression, économie d'huissiers, etc. Il y a 100 ou 150 mille francs à retrancher. Il faut que l'économie devienne une MODE en France, au moins pendant quatre ans.

Le ministère de la justice est porté pour cette année à 18 millions. Je vois que les tribunaux civils, criminels et les juges de paix ne coûtaient, du temps du directoire, que 8,868,000 francs, la Belgique comprise; encore il me semble que maintenant les juges de paix sont payés sur les centimes additionnels et non sur les fonds de ce minstère, ce qui ferait une grande diminution. On devrait aussi diminuer les cours de justice, par économie et pour le bien de la morale, afin d'ôter aux paysans la grande facilité qu'ils ont actuellement à plaider.

Le ministère des affaires étrangères a réduit ses dépenses; mais elles peuvent l'être encore de beaucoup. Notre diplomatie est avec l'armée qui occupe nos places fortes; nous nous épuisons pour entretenir cette armée et payer des contributions de guerre. Il est donc à propos que les ambassadeurs et les ministres du Roi, près les cours étrangères, ayent un train aussi modeste qu'économique; plus vous représenterez, et plus cher on vous fera payer votre ostentation. L'exagération avec laquelle Buonaparte vantait les ressources de la France nous a tous séduits. Nous y avons cru : il est si doux de se faire d'agréables illusions. Les étrangers ont feint d'ajouter foi à ces exagérations et en ont profité pour établir des prétentions énormes. Criez misère dans les cours étrangères, puisqu'en effet vous êtes misérables; vous pouvez y gagner et vous êtes assurés de n'y rien perdre.

Le ministère de l'intérieur demande 57 millions, dit-on, encore ce n'est qu'une partie de la dépense, puisque les préfets reçoivent encore, pour leur compte, une partie du revenu particulier des communes, et l'emploi de certains centimes pour travaux, etc.

Les dépenses de ce ministère demandent une réformation complète et un sévère examen.

La France est de tous les États de l'Europe celui où l'agriculture reçoit le moins d'encouragement de la part du gouvernement. Les manufactures sont encore plus mal traitées; on fait payer, et d'avance, jusqu'aux brevets d'inventions. Je vois, par les budjets particuliers de ce ministère, que la somme d'encouragement est beaucoup moins forte, compris encore les secours pour incendies, inondations et grêles, que les sommes annuellement enployées pour les spectacles, pour des gratifications à des auteurs de brochures et pour l'espionnage. On ne me contestera pas que cela est absurde.

Cette quantité de préfets et de sous-préfets peut-être diminuée avec avantage pour tous: pourquoi un préfet à Quimper, un à St-Brieux, un à Vannes? tandis qu'une seule préfecture à Pontivy suffirait. Pourquoi un préfet à Pau et un à Tarbes? Il en est de même de l'ancienne Provence, etc., où les divisions départementales sont mal établies, et surtout trop circonscrites. Dans les parties du Nord, la division est généralement meilleure. On peut faire de grandes économies sur la dépense des routes, et les mieux entretenir; les bâtiments inutiles à Paris et dans les départements doivent être vendus comme à charge à l'État par leur entretien; pour Paris seulement, avec leurs produits on pourrait achever le Louvre, l'hôtel projeté des Postes et celui des affaires étrangères, et donner ainsi du travail à un grand nombre d'ouvriers. Il y a sur cette partie des domaines un curieux travail à faire. L'organisation et l'administration des haras est à changer en entier, si l'on veut retirer de cet établissement les avantages qu'on a droit d'en attendre, qu'il est essentiel d'obtenir, et que la Prusse, le Danemarck et plusieurs autres États obtiennent. Quand on voudra rétablir l'armée, on s'apercevra du manque de chevaux et de la mauvaise organisation des haras.

Le ministère de la guerre demande 212 millions, c'est trop de 50 millions (d'ici à 4 ans, bien entendu). Je sais que le ministre de ce département a éprouvé beaucoup de difficultés à l'exécution de ces vues d'ordre et d'économie; mais *le conseil d'épargne*, que j'ai indiqué plus haut, surmonterait toutes les intrigues et ne saurait être entravé par aucune.

L'armée doit se réduire pendant quatre ans à la garde royale, la gendarmerie et DES RÉGIMENTS D'ÉCOLES, pour dresser des instructeurs prets à former des soldats dans quatre ans. Les légions sont faibles ; encore sont-elles composées, en majeure partie, de soldats qui ne sont qu'à charge, pour plusieurs raisons que je ne veux pas dire ici ; il ne faut garder de soldats, sous-officiers et officiers que ce qui est bon : le reste, je dirai, s'il le faut, à quoi on peut les utiliser pour leur profit et dans l'intérêt de la France. C'est une mauvaise mesure et une mauvaise économie d'avoir mis à demi-solde la moitié des officiers employés dans les légions. Il aurait été beaucoup mieux de supprimer les inspecteurs qui, en réalité, ne sont qu'un double emploi.

Le ministère de la marine demande 51 millions environ. Il devrait bien nous dire quelle partie de cette somme est employée en frais d'armement, et quelle partie est employée en solde et frais d'administration. C'est trop peu pour un ministère qui voudrait faire la guerre ; c'est trop pour un ministère qui ne veut ni ne peut faire la guerre ; pourquoi les officiers de ce département sont-ils tous à la solde d'activité, quand la majeure partie de ceux de la guerre sont à demi-solde ? Pourquoi avons-nous dans les ports une administration aussi nombreuse et aussi dispendieuse que si nous possédions les flottes de l'Angleterre ? Attendons un temps plus favorable pour remonter notre marine; admettons à la retraite tous les vieux officiers; permettons aux jeunes de commander des bâtiments de commerce; ayons à la mer constamment une douzaine de corvettes, sur lesquelles nous emploierons à la fois 150 officiers que nous changerions tous les six mois avec un nombre égal d'élèves, des officiers mariniers et d'artillerie de marine. Vous pourrez, de cette façon, entretenir et augmenter l'instruction pratique si essentielle dans cette profession, parmi sept ou huit cents officiers et élèves de marine : c'est tout ce que vous pouvez souhaiter.

Le ministère des finances demande 17 millions; ce n'est, dit-il, que 700 francs *de plus* que l'année passée : mais excusez, nous comptions sur des réformes, sur des améliorations, des diminutions annuelles, vous les aviez annoncées; tout le monde y croyait, devait y croire, et chaque année les dépenses augmentent? c'est que les abus augmentent; c'est qu'on donne des places pour se faire des créatures; c'est que.... *Le conseil d'épargnes* nous sauverait de tout ce gaspillage; mais qui croirait, qu'après cette augmentation, après une déduction de 15 millions 700 francs sur les recettes présumées (jamais on n'avait encore osé porter les non-valeurs à une aussi énorme somme), on nous demande encore 15 millions *pour frais de négociations?* Je suis très convaincu de la probité du ministre des finances; je fais profession de le croire l'un des hommes les plus intègres de son pays; je suis donc réduit à le croire induit en erreur; mais de telles erreurs sont un peu lourdes. Jamais on ne pourra faire concevoir que le ministère des finances doit coûter, administration, non-valeurs et négociations, l'énorme somme de 47,400,000 fr. Du temps du grand empire, on n'a jamais établi une pareille prodigalité. C'est quand *un million doit nous en coûter trois* en l'empruntant, si encore nous trouvons des prêteurs, qu'on tolérerait d'aussi folles dépenses. Il y a des économies bien aisées à faire dans ce ministère; il ne faut que vouloir.

Mais pour la faire apprécier toute entière, cette étrange prodigalité, et dans l'espérance que le Roi pourra avoir connaissance de cet Écrit, je citerai encore un fait qui paraîtra curieux (1), et fera encore mieux sentir la nécessité de la création d'un conseil d'épargnes et de réformation.

En janvier 1815, un ministre d'une loyauté qu'on ne saurait contester, fut circonvenu par

---

(1) Je pourrais remplir un volume de faits de ce genre; je pourrais dire comment on cause une FAMINE FACTICE par une série d'imprévoyances : mais cette énorme faute a déjà causé plusieurs émeutes; je me tairai pour ne pas augmenter le mal.

des gens que je m'abstiens de qualifier ; ils lui firent des rapports faux, lui présentèrent des résultats faux ; et, sous couleur de justice, ils déterminèrent ce ministre à demander au Roi une ordonnance. Ainsi il fut décidé que l'imprimerie royale ne serait plus exploitée à la *charge de l'Etat* (c'est l'expression dont on s'est servi); qu'elle serait à la *charge d'un directeur.* Cette charge n'est pas lourde, puisque lorsque l'Etat avait un directeur-régisseur, il retirait un bénéfice annuel de 7 à 800,000 fr.: cette charge impose la jouissance d'un fonds de 3 millions; la jouissance du bel hôtel où ce fonds est établi, le tout à l'État; il y a même, m'assure-t-on, la CHARGE de se servir de chevaux de carrosse que le gouvernement a eu la délicate attention de fournir; ajoutez la charge du Bulletin des lois, qui rapporte 120 à 125,000 francs. Cela s'est fait sous couleur de justice, sous prétexte de restitution, même sous prétexte de soulager l'Etat!

Je ne veux pas indiquer ceux qui ont reçu des pensions secrètes pour tromper un ministre vertueux, et faire tort à l'Etat; je veux éviter le scandale, et seulement indiquer, par un exemple, le degré de corruption, et l'urgence d'un conseil d'épargnes et de réformation.

Ici nous nous arrêtons; tout autre exemple

de prodigalité ou de malversation, toute indication d'économies deviendraient superflus. On a dû concevoir suffisamment nos vues d'*épargnes et de réformation*. Plaise au ciel qu'on en ait senti toute la nécessité!

Le conseil d'épargnes et de réformation aurait encore la charge d'examiner les comptes des dépenses de l'année qui vient de s'écouler; il ne suffit pas que les chambres accordent les impôts; il faut qu'un conseil indépendant du ministère rende compte au ROI, et puisse dire: cette dépense était utile, celle-ci ne l'était pas; il y a ici prodigalité, il y a ici malversation, etc. On voit que des ministres aussi dignes que les nôtres de la confiance du Roi et de la nation seraient les premiers à souhaiter que le Roi établît un pareil conseil, puisque c'est le meilleur moyen de justifier que leurs opérations sont aussi bonnes que leurs intentions.

Ce conseil ne pourrait s'immiscer en rien dans les affaires des ministres, n'ayant point d'autre droit que celui de dire au Roi: il nous paraît, Sire, que par les motifs suivants, le ministre de tel département a ordonné une dépense inutile, ou a trop dépensé pour un tel objet. Le conseil n'aurait non plus aucune autorité sur la vérification et la correction des comptes.

On peut s'assurer que jusqu'à présent les comptes annuels ont été rendus dans une forme à peu près inintelligible, et avec une adroite mauvaise foi, qui ne pouvait convenir qu'à des gouvernements révolutionnaires. Le compte annuel apuré serait soumis au Roi, et ensuite lu aux chambres avec ces précautions. Il n'est pas douteux que les comptes de chaque ministère parviendraient à ce degré d'authenticité qui est indispensable pour établir la confiance et que souhaitent si ardemment des ministres aussi bien intentionnés que ceux en qui le Roi a mis sa confiance.

Sans l'établissement du conseil d'épargnes bases fondamentales d'un meilleur ordre de choses; sans l'appui et la force d'opinion dont serait environné ce conseil, les ministres seront toujours entraînés par les sous-ordres par des considérations qu'ils n'auront pas les forces nécessaires pour repousser; ils continueront de se prendre à tous les piéges dont ils sont environnés. On ne séduit point un conseil de vingt-un membres qui n'ont aucun salaire, qui est composé de personnages tels que je l'ai indiqué, où chaque membre peut demander hautement ce que signifie telle ou telle dépense, et dire par quel motif il ne la trouve pas suffisamment justifiée.

Toutes les idées jetées dans cet Écrit sont susceptibles, ont besoin même d'un plus grand développement ; il y a même des objets essentiels dont je n'ai point parlé; il aurait fallu écrire un gros volume pour traiter à fond cette matière; mais j'ai absolument voulu être lu; et pour être lu maintenant, il faut être bref. J'ai voulu avoir l'espérance que des idées bien simples, que je crois essentiellement justes, qui sont de nature à avoir une grande influence sur le sort de la France, seraient accueillies favorablement par l'opinion publique. C'est l'opinion publique qui doit se prononcer en de pareilles circonstances; c'est l'opinion publique qui peut seule faire triompher l'intérêt public, des intérêts privés; C'EST L'OPINION PUBLIQUE QUI SEULE PEUT PROCLAMER LES GRANDES MESURES DE RÉFORMES. Dans nos mœurs un peu relâchées, un ministre homme de bien et aimant son pays, qui oserait proposer au Souverain de mettre à exécution ce plan, courrait risque de se faire des ennemis et des envieux assez puissants pour le renverser. Les ministres qui ont le courage de s'exposer à un tel danger sont rares, il s'en trouve cependant, et aussi de ceux qu'aucune considération ne saurait arrêter quand il est question de sauver leur pays.

Nous ne sommes pas dénués de l'espoir que

cet Écrit pourrait parvenir sous les yeux de notre auguste Souverain, fixer son attention et être pesé dans sa haute sagesse ; c'est notre souhait le plus ardent, parce que nous ne pouvons dissimuler ni taire qu'une catastrophe est à redouter, si l'on n'adopte pas sans délai des mesures d'ordre et d'économie. C'est principalement un déficit de 54,000,000 qui nous a plongés dans les révolutions, nous le répétons encore, et nous supplions ceux qui ont le sort de la France entre leurs mains, de s'en ressouvenir à toute heure.

FIN.

www.ingramcontent.com/pod-product-compliance
Ingram Content Group UK Ltd.
Pitfield, Milton Keynes, MK11 3LW, UK
UKHW020946220726
13924UKWH00002B/524

9 782019 964740